Hans-Jürgen Laabs

Gedichte  Gedanken  Gezeiten

# Hans-Jürgen Laabs

# Gedichte  Gedanken  Gezeiten

**Impressum**

Herstellung und Verlag:
BoD-Books on Demand, Norderstedt
ISBN: 978-3-8370-6324-0

Ich möchte dieses Buch meiner größten Liebe, meiner wundervollen Frau Monika widmen, die mir die schönsten Jahre meines Lebens geschenkt hat.

Ich bin ihr unendlich dankbar dafür.

Ein großer Teil der Gedichte in diesem Buch sind an sie gerichtet, da sie mich immer dazu inspirierte, festzuhalten, was für eine schöne und besondere Frau sie ist.
So ist meine tiefe Zuneigung zu ihr in viele der folgenden Gedichte eingeflossen.

## Vorwort

Die Gedichte in diesem Buch sind über einen Zeitraum von ungefähr 20 Jahren entstanden.

In welcher Folge sollte ich sie präsentieren? Chronologisch? Oder nach Themen?

Ich entschied dann: Nach Jahren, und zwar beginnend mit dem „Jetzt'.

So kann der Leser vielleicht nachempfinden, welche Anlässe und  Gefühle dem Gedicht Geltung gegeben haben. Die verschiedenen Jahre beschreiben daher auch sehr unterschiedliche Phasen und Abschnitte in meinem Leben.

Die Einteilung nach Themen habe ich auch deswegen 'ad acta' gelegt, da der Leser vielleicht bei dem Kapitel 'Traurigkeit' das Buch nach fünf Gedichten deprimiert zur Seite gelegt hätte, ohne es wieder anzufassen! Dieses Risiko wollte ich nicht eingehen.

Ich habe dem Buch, eingefügt in die chronologische Reihenfolge, ein besonderes Kapitel gewidmet: Und das betrifft die Zeit.

Die Zeit, die Zukunft, wie auch das Universum, sind Themen, die mich immer intensiv gedanklich beschäftigt haben. Darum dieses Kapitel, in dem ich nicht nur meine eigenen Gedanken darlege, sondern auch weitere Buchauszüge aus Alan Lightman's: 'Einstein's Dreams, Und immer wieder die

Zeit' (von mir gekürzt) hinzufüge, da ich sie äußerst interessant finde.

Außerdem noch Auszüge aus Umberto Eco's: 'Das Foucaultsche Pendel'.

Ich habe auch noch ein Gedicht von Heinrich Heine an passender Stelle eingefügt, da es eine starke Emotion hervorruft, die ich meinen Lesern nicht vorenthalten möchte.

Danke, und viel Spaß beim Lesen!

# Inhaltsverzeichnis

# 2016

### Dieses Jahr

Mein Schreiben geht
    auch dies' Jahr weiter.
Manchmal besinnlich,
    doch meistens heiter,
möchte ich
    mit meinen Zeilen
bei euch sein,
    gerne dort verweilen.
Und wünsche,
    eh' Gedanken
mir entschwunden,
    sind sie schon
      mit euch verbunden!

## Veränderungen

Es kommt der Tag,
  da wird Dir klar,
Dass nichts mehr ist,
  so wie es war.

Man sieht die Welt
  mit neuem Wissen,
Doch will auch Altes
  nicht vermissen!

Man wird unstet,
  sucht das 'Leben',
Will auch And'ren
  Vieles geben.

Wirft gern' auf 'Beauties'
  einen Blick;
Doch leider schau'n
  die nie zurück!

Es schmerzen manche
  kleine Knochen,
Doch ist der Wille
  ungebrochen,

Will erleben
  künft'ge Zeiten
Mit vielerlei
  Zufriedenheiten.

Ich will nicht klagen:
Habe gelebt,
   wie ich es wollte.

(Oder doch
   wie ich es sollte?)

## Weltumdrehung

Dreht sich die Welt wirklich konstant?
Weicht sie mal ab? Ist dies bekannt?

Wenn im Herbst die Blätter fallen,
Könnt' der Welt es doch gefallen,
Mal schnelle Runden zu erproben,
Denn der Schwerpunkt ist verschoben!

Aber wir haben uns're Uhr,
Und danach leben wir doch nur!

Manchmal hat man das Gefühl:
Der Sekunden-Zeiger steht kurz still.
Geht ab und zu auch mal zurück,
Und wenn nur einen Augenblick!

## Neue Reisen

Wenn man glaubt, es ist gescheh'n,
was soll ich auf der Welt noch seh'n?
Ist wohl die Frage falsch gestellt:
Denn es gibt mehr auf dieser Welt!

Ich habe vieles avisiert,
und es mir auch nicht sehr geniert,
dies aufzuzählen unumwunden,
obwohl manch' Kosten mit verbunden!

Fahrten gibt's in Luxus-Zügen,
die sich allen Wünschen fügen.
Echt komfortabel, so zu reisen.
(Dazu gibt's noch leck're Speisen!)

Die Ziele sind mir ziemlich klar:
Indien, Schottland, Kanada,
auch Australien, USA durchmessen,
Frankreich dabei nicht vergessen!

Oder auf ein Kreuzschiff steigen.
Zwar kann man nicht den and'ren zeigen:
Ich bin Individualist.
(Der Käp'ten eh' mit allen isst!)

Doch man sieht Fjorde, Petersburg,
und damit ist noch nicht genug:
Da sind Venedig, Aqaba,
selbst Australien scheint ganz nah!

Auch ist das Auto, zugegeben,
geeignet, Nachbarländer zu erleben.
Vielleicht ein zweites Mal zu sehen,
bereisen und besser dann verstehen.

Doch stets bleibt doch der 'Ferne Osten':
Japans Kultur noch einmal kosten!

Und zum Schluss der tollste Kick:
Auf den Südpol einen Blick!

## Schiefe Tage

Es gibt Tage, die laufen schief,
da ist man einfach depressiv.
Und weiß meist nicht, wieso das  ist,
weil man den Anlass auch vergisst!

Man ist mit Dingen, die geschahen,
manchmal auch nicht ganz im Klaren!

Drum ist es wichtig, zu erkennen:
Was war es wohl?
Kann man es nennen?

Und alles tun, schnell zu entrinnen,
um Positives zu beginnen!

## Selbstvertrauen

Manchmal sitzt man einfach da,
    denkt an die Zeit, die einmal war.
    Oder an das, was man noch möchte,
    falls dies Schönes einem brächte.

Oder denkt auch mal an 'Nichts':
    Deinem Hirn ist das egal
    und überlegt da nicht einmal!
    Es ist sowieso bestimmend,
    stets aktiv und immer sinnend,
    um das Beste Dir zu geben,
    damit es schön bleibt, dieses Leben.

Wir sollten stets auf eines bauen,
    das unser Geist uns gibt:
    Dem Selbstvertrauen!

## Informationen

Macht man heut' das Radio an,
kommen fast nur diese News:
- 5 Tote auf der Autobahn
- Messi verstaucht sich seinen Fuß
- Ein Haus wurde in Brand gesteckt,
  doch das Motiv ist nicht entdeckt
- In Sachsen wieder Pöbeleien
  mit Fremden, die dort auch verweilen
- Neue Krise der Union?
  Ist egal, wen kümmert's schon.
- Einer hat Nachbarn heut' erschossen.
  Was machte ihn denn so verdrossen?

Auch manche Presse ist erfasst,
verbreitet meist nur
- Angst
- Und Sex
- Und Wetter
- Und auch Hass

Irgendwie, so ist's beschieden,
sind Konsumenten wohl zufrieden,
sich mit Katastrophen zu umgeben.
Doch können sie dann besser leben?

Kann der Reporter nicht beginnen,
sich auf Positives zu besinnen?
Die Welt ist sicher davon voll.
Ach, wie wäre das doch toll!

Dies wäre wirklich ein Bestreben,
und alle könnten dann sofort
in dieser Welt viel besser leben!

Universum

Es fliegen Sonden in das All,
die messen selbst den Ursprungsknall.
Machen Fotos von Milliarden Sternen
und Galaxien, ehe sie sich ganz entfernen.

Das Universum kennt keine Zeit.
Es dehnt sich aus, und dies
mit unfassbarer Geschwindigkeit!

Kein Foto kann es je erreichen,
und obwohl recht nah man vieles fand:
Die Peripherie bleibt unbekannt!

**Und man oft auch dies vergisst:**
**Was  hinterm Universum ist?**

Tut es uns auch den Gefallen,
mal in sich zusamm'zufallen?

Man nimmt heut' an, es wird mal stoppen.
Der Zeitpunkt wäre nicht zu toppen!

Dann wird Bekanntes ausgelöscht,
ist nicht mehr aktiv.
Landen die Fotos im Archiv?

Darum ich um 'ne Antwort ringe:
Wer entscheidet solche Dinge?

## Kamel-Leben

Ein Kamel stand einsam da,
sah in die Wüste, doch nichts geschah!

Es fragte sich: Was mach' ich hier?
Ich bin doch eigentlich ein Tier,
das  auch mal 'ne Kamelin braucht.
Ab durch die Wüste? Doch das schlaucht!

Gibt es 'nen bestimmten Ort?
Muss ich gleich dahin und fort?

Doch schließlich blieb ihm keine Wahl.
Der Wüstengang wurd' zwar zur Qual,
doch in Oase Madaband
es die Traum-Kamelin fand!

Alles gut! Was sagt man da?

Auf arabisch?  Il Hamdulilah!

## Wichtigkeit I

Für alle Menschen, das ist auch richtig,
sind verschied'ne Dinge wichtig.

Was erstreben und was nicht?
Jeder hat verschied'ne Sicht.

Lasst doch jeden auf der Welt
entscheiden, was er für wichtig hält.

Doch er sollte immer daran denken,
nicht and're damit zu 'beschenken'.

## Wichtigkeit II

Ist es eine Außenwelt,
    die alles hier zusammenhält?

Wie <u>wir</u> sie gestalten
    doch nur zählt!

## Fest-Konsum

Fest-Konsum kann oft verdrießen,
denn er lässt uns nicht mehr
des Jahres Länge voll genießen.

Die Zeit sich schnell und schneller neigt:
Denn Weihnachten ist angezeigt!

Es schau'n uns im September dann
schon Schoko-Weihnachtsmänner an.

November dann die Kundschaft rauft:
Es ist alles ausverkauft!

Gemach, gemach!
Denn auf der Theke liegen schon
die Osterhasen, und wie ein Hohn,
sind's nicht immer frische Waren:
Meist Reste aus den letzten Jahren!

Doch wir wollen stets das Beste,
denn es gibt noch viele Feste:
Fasching, Pfingsten, Halloween,
die in ihren Bann uns zieh'n.

Doch als Fazit sag' ich heute:
Man hat an Allem doch auch Freude!

## Einsamkeit

Mein Leben scheint mir oftmals quer.
Entscheidungen, die trifft denn wer?

Ist es eine höh're Stimme?
Oder sind's doch meine Sinne?

Es muss doch Irgendjemand geben,
der sich macht Sorgen um mein Leben!

Doch schon ein Telefonat mit Dir
tröstet mich:
Du bist da und hälts zu  mir!

## Licht-Variationen

Licht ist eine Utopie,
denn überholen kann man's nie!

Doch ist es da, es zu verwenden,
denn es kann Helligkeit uns spenden.

Wir können es sogar so richten,
um damit Fotos zu belichten.

Wichtig ist: Wir brauchen es zum Leben.
Niemand sonst kann uns das geben!

Kann denn einer mir berichten:
Warum heißt es:
'Anker lichten'?

## Pessimismus

Ich mag immer kritisch bleiben,
so kann man Dinge meist vermeiden,
die man später dann bereut
(dies sogar oft and're freut!)

Kritik an meinen Versen wagen,
das will ich hier ganz offen sagen,
ist  meiner Leser volles Recht,
ich find es absolut nicht schlecht!

In manchen Zeilen, leicht überzogen,
hat Pessimismus überwogen.
Ich bin dabei, dies abzustellen
und schau' nach 'positiven Wellen'!

Mit  meinem nächstem Buch,
werdet ihr ein Urteil fällen!

## Reife

Es ist bekannt, dass graue Zellen
sich nicht verzehren,
nur vermehren!

Da muss man sich die Frage stellen:
Warum machen wenig von Gebrauch?

Damit folgt als Fazit auch:
Warum können viele nicht begreifen,
dass sie im Alter weiter reifen?

## Fremde

Man trifft Menschen, hier und dort,
die kommen aus 'nem fernen Ort,
aus and'ren Ländern,
und man wird sehen:

Sie sind
- offen
- symphatisch
- freundlich
Man kann ihr Wesen gut verstehen!

Die Frage ist, warum so selten
in Presse und TV
diese Dinge auch so gelten?

Mit allen Fremden, egal woher,
tun sich hier die Medien schwer.
Denn täglich ist schon zu erwarten:
Sie sind manchmal 'Unsympathen'!

Hat denn der Autor, um zu verstehen,
diese Menschen je gesehen?

Falls nicht, dann sollte man dies ändern:
Schickt ihn hinaus.
Er war wohl nie in jenen Ländern!

## Der Maulwurf

Ein Maulwurf wusste nicht mehr ein und aus.
Raus aus der Erde! Wollt' hoch hinaus!

   - Er maulte
   - Und er warf
   - Er sogar jaulte
   - Tat viel Dinge, die man nicht darf.

Er war zudem auch ziemlich dumm
 und warf mit Sprüchen ständig rum.
Konnte sein Maul nicht immer halten,
selbst seine Hügel nicht gestalten!

Seine Frau er bald vergraulte,
weil er zuhause ständig maulte.

Wenn ein Wurf ihm nicht gelang,
er sich mit Maulbeerwein betrank.

Er beschaffte sich dann Flügel,
und ihm schien,
er kann damit
seiner Maulwurfswelt entflieh'n!
Doch nach zehn Metern war er matt,
fiel  herab und war dann platt!

Und die Moral von der Geschicht':
Bleib' wie Du bist und maule nicht!

## Distanz

Das Wort 'Distanz' kann Zweierlei,
und fühlt sich darin völlig frei,
stets auf's Neue zu entscheiden,
nämlich zwischen diesen beiden:

-     Abstände von Orten: Kilometer.
Dies auch noch später!

-     Distanz  jedoch bei einem Paar:
Ist das zu ändern?
Kann es so werden, wie es war?

## Gefühle

Die Welt ist trostlos ohne Ziele!
Früher hatte ich da viele,
Die wurden oft nicht angepackt,
Sind irgendwann dann wohl versackt!

Was tun? Was kann man machen?
Gefühle müssen sich entfachen!
Für ein Ziel bin ich jetzt hier:
Das Zusammensein mit Dir!

## Weltanschauung

Wenn man sich die Welt ansieht,
herrscht überall verdammter Krieg.
Was woll'n Soldaten dort erreichen?
Denn alle Ziele werd'n verbleichen!

Geht man der Geschichte nach,
lag später immer alles brach:

Die Wikinger, auch die Mongolen,
dachten sich: Europa holen!

Die Mazedonier, zu erwähnen,
wollten sogar Indien nehmen,
doch ließen schließlich es dann sein,
denn die Soldaten wollten heim!

Araber und die Barbaren
öfter schon in Schlachten waren.
Auch Ägypter und Osmanen
Nachbarländer gern einnahmen.

All' diese Reiche sind vergangen,
und dennoch müssen wir heut' bangen,
dass keiner an das 'Damals' denkt
und seine Machtgier soweit lenkt,
dass die Welt in Aufruhr ist.

Doch man das Eine so vergisst:
Alles ist von kurzer Dauer.
Wird denn niemand dadurch schlauer?

## Kosmetik

Schönheit kommt von innen nur,
kaum von außen, so ist Natur!

Darum, ihr Frauen,
lasst öfter mal Kosmetik sausen,
um sich darauf zu besinnen:
Zwar nicht gänzlich abzuweichen,
doch nur das Inn're unterstreichen!

## Worte

Es gibt Worte auf der Welt,
die man zwar sagt,
doch eigentlich
es keinem so gefällt:

Das eine Wort, das ist 'Egal'.
Denn eines ist hier doch fatal:
'Egal' lässt jede Absicht sein
und lässt Dich immer sehr allein.
Es gibt kein 'hier' und auch kein 'dort',
Du findest niemals Deinen Ort!

Das zweite Wort betrifft das 'Schade'.
Steh' doch für dieses einmal gerade:
Etwas ist da nicht geschehen,
das Dein Wunsch hat vorgesehen.
Doch darfst Du keine Zeit verlieren,
und es sofort nochmal probieren!

## Schöne Länder

Bei all' den Ländern, die ich sah,
liegt es oft für and're nah,
mich zu fragen,
welches denn das Schönste war.

Dann steh' ich meistens ratlos da,
weil mir niemals wurde klar:
Was war mäßig, was war toll?
Wo fühlte ich mich so richtig wohl?

In Spanien, mit Paella, Strandes-Wonne?
In Arabien, mit Sprache, Wüsten-Sonne?
In Afrika, mit Dschungel und Natur?
In Asien, mit lecker Essen und Kultur?
In Kanada, mit Lockerheit und Weite?
In Europa, mit Unterschieden, doch volle Breite?
In Indonesien, mit Tänzen, die so göttlich sind?
In Kolumbien, mit Fincas, die so toll ich find?

Doch schließlich wurde mir dann klar:
Es waren Länder
in denen ich
mit Dir nur war!

## Wünsche

Wünsche sind immer Zukunft,
  verbunden mit einer Zeit,
    die noch nicht fassbar ist.

Vergiss' daher
  jeden Wunsch,
    der Vergangenheit betrifft!

Wünsche sind da.
  Sie wollen immer
    verwirklicht werden!

Wünsche werden wahr,
  wenn die Zeit
    dafür reif ist.

Wünsche brauchen
  unseren
    Willen.

Wünsche werden
  durch uns
    wahr gemacht!

## Über mich

Ich werde 69 Jahr,
Doch manchmal ist mir nicht ganz klar,
Was ich im Leben eigentlich will.
Soll's hektisch sein, doch lieber still?

Selbst meine Jobs, mit kleinen Lücken,
War'n manchmal da,
Um das Problem zu überbrücken.

Ich bin ein Wand'rer zwischen Welten:
Drum and're Sichten bei mir gelten.

Doch bin ich gut zurecht gekommen,
Hab' zwar nicht alles so bekommen,
Wie ich es wollte,
Weil es wohl nicht sein so sollte!

Doch wesentlich ist die Erfahrung
Die man macht in allen Jahren.

Unter dem Aspekt betrachtet
Ist es wichtig,
Dass auf die Zukunft man sehr achtet!

Doch da so vieles ich gesehen,
Was soll in Zukunft noch geschehen?

Für mich nur Eines wichtig ist:
Dass Du immer bei mir bist.

# 2015

## Liebe

Ich liebe Deine Augen
  -  sie können so schön strahlen

Ich liebe Deinen Mund
  -  er kann so herrlich lächeln

Ich liebe Dein Lachen
  -  es ist so erfrischend und herzhaft

Ich liebe Deine Haare
  -  sie sind so wild und schön

Ich liebe Deine Stimme
  -  die so sympathisch klingt

Ich liebe Deine Hände
  -  die wunderbar streicheln können

Ich liebe Deinen Körper
  -  der so anziehend und perfekt ist

Ich liebe Deinen Gang
  -  der so aufregend ist

Ich liebe Dein Outfit
  -  das immer zu Dir passt

Ich liebe alles an Dir
  -  weil es Dich so sexy und
      begehrenswert macht

## Zukunft

Worauf sollst Du heut' noch bauen,
Wenn nicht auf Dein Selbstvertrauen,
Dies Bewusstsein in Dir selbst,
Das Dich fest zusammenhält!

Es gibt Tage, die geh'n nicht so
Doch lass' sie irgend anderswo!

Mach Dir eigene Ideen,
Auch wenn sie and're nicht verstehen.

Tu das, was Du für richtig hältst,
Nicht, was dem Rest der Welt gefällt.

Wie ist denn das Zusammenleben,
Es soll doch auch viel Freude geben?

Ich will jedoch nicht länger warten,
Um schöne Zukunft jetzt zu starten!

## TV Libanon

Lasst mich den Libanon erleben.
Ich würde alles dafür geben!

Frauen, die nur nach Dir schmachten,
Segelboote, tolle Yachten.
Frauen auch mit bloßem Busen,
stets bereit, mit Dir zu schmusen.
Autos nur von höchster Klasse,
Luxus-Flats in großer Masse.

Menschen, die stets glücklich sind
(jedoch meistens ohne Kind).
Immer lachen, immer fröhlich,
ach, wie sind die Menschen selig!

Doch bringt dies das TV nur raus.
Die Wirklichkeit sieht anders aus.

Rampenlicht

Ich würde gerne eins probieren:
Mich auf 'ner Bühne präsentieren!
Hab' dies eigentlich schon getan,
und doch verfolge ich den Wahn,
abermals mich geh'n zu lassen:
Nur nicht das Rampenlicht verpassen!

Es wäre schön, auch dies zu meistern:
Tausend Menschen zu begeistern!

Was könnt' es sein? Was wäre mein?

- Gitarre oder Geige führen?
    Ein Kabarett zu präsentieren?
- Als Sänger könnte ich es wagen,
    muss schauen, was ist vorzutragen.
- Übers Universum reden?
    Erzähl'n von Reisen in meinem Leben?
- Könnt' auch aus meinen Büchern lesen.
    Schauspiel, doch trifft das denn mein Wesen?
- Meine Filme präsentieren?
    Sich bloß nicht in 'nem Schrott verlieren!
- Tanzen ist wohl ausgeschlossen,
    da war schon meine Frau verdrossen!

Seh'n wir mal, was da noch geht.
Man sagt, es wäre nie zu spät!

Du bist ...

Du bist

-    wie eine Rose, so wunderschön
-    wie ein Hauch, so zärtlich
-    wie ein gutes Buch, so fesselnd
-    wie ein Gedanke, so selbstständig
-    wie etwas weit über uns, so frei
-    wie Du Dich gibst, so anziehend
-    wie ein Tag am Meer, so entspannend
-    wie der Wind, so erfrischend
-    wie die Sonne, so spendend
-    wie Samt, so weich
-    wie alles Schöne, so begehrenswert
-    wie ein Diamant, so wertvoll
-    wie ich Dich mag, so aufregend

Du bist so perfekt!

## Zu spät

Ist denn alles schon zu spät,
nur weil die Welt sich weiterdreht?

Und wer entscheidet? Wann ist Schluss?
Ich will kein Leben in Verdruss!

Was gibt es alles noch zu tun?
Soll ich das machen? Lieber ruh'n?

Es muss noch schöne Zeiten geben,
die ich mit Freude kann erleben.

Was immer auch noch vor mir steht,
ich oft denke: Ist es zu spät?


Jordanien im Oktober

## Landei sein

Im Zwiespalt ich mich sehr befand,
doch jetzt ist klar:
Ich will ein Leben auf dem Land!

Immer in der Bergwelt leben,
ist das wirklich mein Bestreben?
Gibt's denn Kultur?
Oft einsam sein
mit privaten Puzzeleien?

Doch:
Ich kann dort meine Bücher schreiben,
damit der Welt verbunden bleiben.

Ich kann auf schöne Landschaft schauen,
mich täglich an Natur erbauen.

Ich will gezielt Kontakte pflegen,
muss mich nur ein wenig regen!

Und auch keine Zeit verlieren,
mich für die Umwelt engagieren.

Oft an den Bach hinuntergehen,
zum Sinnieren, mich verstehen.

Sich mit Kühen zu umgeben,
das gehört dann halt zum Leben.

Auch notgedrungen sich begeistern,
vereiste Pässe mal zu meistern!

Doch es wird auch Reisen geben,
um nicht nur Allgäu zu erleben!

Aber das Wichtigste, das ist:
Dass Du in meiner Nähe bist!

Freunde

Freunde haben ist im Leben wichtig für:
- Offene Gespräche
- Austausch von Emotionen
- Visionen diskutieren
- Ein Bier (oder mehrere) zu trinken
- In Erinnerungen schwelgen
- Ganz einfach zu entspannen
- Die gleiche Wellenlänge genießen

Darum sollten es nicht zu viele Freunde sein.

Denn es können sonst
- Intensitäten verloren gehen
- Themen verflachen oder banal werden
- Beziehungen an Bedeutung verlieren

Ich kann nicht verstehen, was sonst in der Welt passiert:
- Es gibt Menschen, die haben über 500 Facebook-Freunde! Glückwunsch!

Es ist auch nicht wesentlich, wie oft man sich trifft oder kontaktiert. Es können zwischen mails und Telefonaten manchmal Monate, zwischen Treffen selbst Jahre liegen!

Freunde zu haben macht zufrieden und glücklich.

(Meine Freunde: Jan in Berlin, Michael in Kanada und Masatoshi in Japan)

## Hotel-Leben

Langes Wohnen im Hotel
hat Parallelen zum Bordell.
(Na ja, ich hab' da übertrieben!)
Doch man muss beides nicht so lieben.

Man schläft dort und geht aus und ein,
und fragt sich:
Könnte es noch besser sein?

Alle woll'n Dich glücklich machen
und kümmern sich um Deine Sachen:

Der Deo-Stift wird neu platziert,
die Tissues werden gut drapiert.
Handtücher frisch, das ist doch fein,
wenn auch verfranzt, das muss wohl sein.
Das volle Licht wird angeschaltet.
(Wer wohl die Kosten hier verwaltet?)
Das Bett wird täglich neu gerichtet,
doch der Papierkorb nicht gesichtet.
Klopapier wird nachgefüllt,
was für die Mini-Bar nicht gilt!

Wenn man will, wird man geweckt.
Das Frühstücks-Rührei ist gestreckt!

Schließlich ist nur noch sagen:
Man kann nicht immer alles haben!

## Musik

Musik wird störend oft empfunden,
weil stets sie mit Geräusch verbunden.
(von Wilhelm Busch)

Doch ist sie sanft und herrlich leise,
begeistert sie auf diese Weise,
und einem ein Gefühl so gibt,
dem man auch gerne dann erliegt.

Doch ist sie nervend oder schrill,
was  man eigentlich nicht will,
dann lässt sich dies meist so gestalten:
Den Ton-Quell einfach abzuschalten!

Doch Eines steht hier nicht in Frage:
Sie ist was Schönes dieser Tage,
das wir wollen nicht entbehren,
da wir  so viel davon zehren!

Verlassen

Ohne Dich läuft vieles quer
und alles ist dann öd' und leer!

Denke ich, der Tag wird toll,
ist es doch nicht, wie es soll.

Ich schalte meinen Laptop ein:
Der lässt mich einsam und allein.

Immer, wenn hier was geschah,
warst Du meistens auch nicht da.

Ich vermiss' Dich halt!
Ohne Dich ist es hier kalt.

Kann mich mein Job auch etwas binden,
Glück kann ich bei Dir erst finden.

So geht alles seinen Gang,
doch immer wird der Tag zu lang.

Wozu bin ich denn geboren?
Es geht viel schöne Zeit verloren!

Um es schließlich kurz zu fassen:
Ohne Dich bin ich verlassen!

## Künstler sein

Dies Gedicht wird in die Länge geh'n,
doch vielleicht kann Dinge ich versteh'n,
die mich lange Zeit bedrückt
und meinem Bewusstsein war'n entrückt!

Es gibt auch eine vage Deutung,
und das ist sofern von Bedeutung:
Wollt' Künstler sein, doch war's versteckt,
hab' früh den Bauingenieur entdeckt!
Der gab mir Sicherheit und Geld
auch Frauen, denen dies gefällt!

Ich war zu zögernd, was zu wagen,
und dachte: Zu groß die Last, um sie zu tragen.
Shows und Filme ich schon machte,
doch es viel weiter dann nicht brachte.

Doch welche Künste soll man wählen?
Es gibt so viele aufzuzählen.
Und meistens ist auch definiert,
wer sich nach innen,
wer sich nach außen präsentiert.

Die ersten, das sind meist die Stillen,
die sich ihren Wunsch erfüllen,
einmalig Werke schön zu meistern,
die später and're auch begeistern.

Der Maler, wie alle Künstler dieser Gruppe,
will auf jeden Fall was schaffen,
er hat Ideen und Visionen
wird daher keine Leinwand schonen!

Der Dichter ist Perfektionist,
dem keine Zeit zu schade ist,
um seinen Text zu optimieren.
Er will sich damit profilieren.
Es gab Poeten allerdings,
die brauchten nur Minuten
und machten das mit 'links'!

Autoren aber, glaube ich,
haben ein Problem mit sich.
Wollen ihr Dasein definieren,
in neue Richtungen tendieren.
Und denken dann, es wird schon laufen,
um die Idee auch zu verkaufen.
Oder schreiben Science Fiction,
dies ist leichter zu berichten!

Architekten und Designer
glauben, sie sind die Perfekten
mit Bauten, Möbeln und Projekten.

Der Fotograf ist stets erbaut
durch Motive, die nur er erschaut.
Doch sein Blick ist so versehen,
dass immer Spezielles wird entstehen.

Der Steinmetz, der schafft Werke,
die 1000 Jahre überleben
und noch heute Freude geben.

Der Komponist ist wie der Dichter
auch sein eig'ner strenger Richter,
falls die Noten nicht so passen:
Man will's der Nachwelt hinterlassen!

Schließlich ist da noch der Journalist,
der leider oft bestechlich ist!
Doch es gibt auch jene, die sauber schreiben,
und dadurch anerkannt dann bleiben!

Dann ist da die zweite Gruppe.
Ich nenn' sie Unterhaltungstruppe.
Alle wollen sich probieren
und ihr Können präsentieren.

Da ist der Sänger, der mit Mut
meist schlecht singt (manchmal auch gut!).
Doch passen Text und Melodie,
vergessen das die Fans doch nie!

Theaterspieler haben Rollen,
geh'n in diesen auf fürwahr.
Möglich, dass sie bewusst es wollen,
weil dies ihr Lebenstraum stets war.

Dem Musiker und Dirigent
der Hang zur Perfektion nie trennt:
Jeder kleine Ton muss passen,
sonst kann das Orchester er verlassen.

Der Dirigent ist sowieso
Meister aller Klassen!

Wie beschreibt man einen Tänzer?
Er will beides:
Erst sich selber perfekt meistern,
doch auch das Publikum begeistern.
Wie in Bewegung aufzugehen,
ist perfekt beim Ballett zu sehen.

Ein Regisseur zeigt, nicht zu bestreiten,
dass seine Akteure er kann leiten.
Kann Ideen realisieren,
selbst Irreales produzieren.

Es gibt Artisten, Clowns und Pantomimen,
die das Publikum bedienen.
Auch Comedians und Magier
präsentieren sich für uns hier.

Doch auch in dieser zweiten Gruppe,
aus gutem Grund,
sucht jeder Selbstbestätigung.

Aber, was zum Schluss noch bliebe:
Die schönste Kunst ist die der Liebe,
die es vermag, sich auszuleben
mit Zärtlichkeit und Wärme geben!

Ausgehend vom letzten Vers, das folgende
Gedicht von Heinrich Heine.

Von Heinrich Heine (1823)


Sie saßen und tranken am Teetisch
Und sprachen von Liebe viel.
Die Herren, die waren ästhetisch,
Die Damen von zartem Gefühl.

'Die Liebe muss sein platonisch',
Der dürre Hofrat sprach.
Die Hofrätin lächelt ironisch,
Und dennoch seufzt sie: 'Ach!'

Der Domherr öffnet den Mund weit:
'Die Liebe sei nicht zu roh,
Sie schadet sonst der Gesundheit.'
Das Fräulein lispelt: 'Wieso?'

Die Gräfin spricht wehmütig:
'Die Liebe ist eine Passion!'
Und präsentieret gütig
Die Tasse dem Herren Baron.

Am Tische war noch ein Plätzchen,
Mein Liebchen, da hast Du gefehlt.
Du hättest so hübsch, mein Schätzchen,
Von deiner Liebe erzählt.

# 2013

Krempel

Es bringt das Leben
  leider mit sich,
Dass sich anhäuft,
  nicht mal absichtlich,
Viel an Krempel,
  den man dann,
Nach gewisser Zeit
  nicht brauchen kann.
Doch zeigt der Mensch
  nun meistens Schwäche
(Nicht, dass es am
  hehren Plan gebreche!).
Anstatt den Kram
  schnell zu entsorgen,
Verschiebt er die Aktion
  auf Morgen.
Doch  häufen sich
  die 'Morgen'-Tage,
Das Sammelsurium
  wird zur Plage.
Der Mensch erkennt dies,
  will auch nicht ruh'n,
Doch hat Anderes
  zu tun!
Und eh' hinfort
  er alles schickt,
Ist er
  an Hab und Gut
    erstickt!

## Freunde

Bist Du mit Freunden
fest verbunden,
hast Du
großes Glück gefunden!
Sie sind bedeutsam
in Deinem Leben,
weil sie Halt
und Mut Dir geben.
Es ist wichtig,
sie zu haben,
da sie Dir
die Wahrheit sagen.
Behalte sie
und verlass' sie nie!

Einsamkeit

Einsamkeit der Nacht,
  und niemand weiß um
  mich
    und meiner Sehnsucht

Einsamkeit der Nacht,
  und keiner tröstet
  mich
    mit meinen Tränen

Einsamkeit der Nacht,
  und keiner sagt
  mir:
    Wie lange noch?


Upington,  Juli 2013

## Dichter-Probleme

Ein Dichter,
vom Schreiben
echt besessen,
vergisst zu leben,
ja selbst das Essen.

Denkt nur an seine Zeilen,
in denen später
Leser dann verweilen.

Und immer matt und müde,
scheint sein Dasein
ziemlich trübe!


Oder auch nicht?

## Deine Hände

Ich kenn' Dich nun
  seit vielen Jahren,
Und mir zum Glück
  hab' ich erfahren,
Was für
  mein Leben
Deine Hände
  alles geben:
Sie streicheln mich
  voll Zärtlichkeit,
Sind zum Schaffen
  stets bereit.
Sie öffnen sich,
  um reich zu schenken,
Sie halten Bücher,
  für das Denken.
Sie winken mir,
  geh' ich mal fort,
Sie kämpften mal
  in Deinem Sport.
Sie kümmern sich
  um viele Dinge.
Ich hoffe, dass immer
  dies gelänge:
Entferne ich mich
  nur ein Stück,
Dass sie mich bringen
  gleich zurück!

## Parkbank-Gespräch

(belauscht von mir, bei Eduard und Gustav, die
nebeneinander auf der Parkbank sitzen)

G: Ja, jaja.
G: Früher war alles besser!
E: Wem sagst Du das.
G: Es ist so, wie es ist.
E: Trotzdem, damals war es anders.
G: Es geht alles vorüber, alles vorbei.
E: Ja, so ist es.
G: Ich will ja nichts sagen, aber …
E: Habe ich immer gesagt!
G: Es kommt so, wie es kommen muss.
E: Sag' mir doch nix.
G: Ja, so ist das Leben!
E: Da muss man durch!
G: Die ersten Rosen blühen schon.

Lange Pause

E: Die Margeriten auch!
G: Klar, wie immer.
E: Jede Seite hat zwei Medaillen.
G: Entweder so oder so.
E: Aber wozu das alles?
G: Ach, morgen ist ein neuer Tag.
E: Ich will ja auch nicht klagen.
G: Ja, jaja.

(weiter habe ich leider nicht zugehört)

Ruhe

Sehnsucht
    nach totaler Ruhe!
        Was gibt
            sie mir?

Sie gibt immer
    die Gelegenheit,
        in sich zu gehen,
            sich zu verstehen.

Um seine Zukunft
    besser
        zu gestalten!

# 2012

## Der frühe Vogel fängt den Wurm

Also rüstet sich
der Vogel
- zwar noch schläfrig -
Für den Biss
   in Wurmes Gurgel.
Des Wurmes Schrei
   ist kaum zu hören.
Dies würde auch
   nicht jene stören,
Die ahnungslos
   und ganz entspannt,
Und ohne jede
   Mörderhand,
Sich dem Schlafe
   noch hingeben
Und in Frieden
   weiterleben!

## Gedanken

Versunken in Gedanken
vergeht die Zeit,
die doch so wichtig ist?
Für wen und was?
Für mich?

<u>Zikaden</u>

Gezirre der Zikaden
   in der Mittagshitze.

In der
   jeder ruhen möchte!

Doch ihnen gefällt es,
   denn es ist <u>ihr</u> Tag!

No hay problemas!


(Alhama Springs, im Juli)

## Handtaschen

Frauen lieben ihre Taschen,
Denn manchmal ist was drin zum Naschen.
Sie sind zwar schön, doch selten praktisch,
Und das bedeutet dann ganz faktisch:
Am Wichtigsten ist stets die Farbe.
Passt sie zum Kleid, das ich jetzt trage?
Ist nicht zu groß und nicht zu klein?
Und geht auch wirklich alles rein?
Wieder mal ist sie zu schwer! Ist drin ein Stein?
Ein Stein jedoch ist nicht vorhanden,
Doch sich auch Lippenstift und Kamm nicht fanden!
So wie das Handy, sitzt alles in den Ecken
Und will vor Zugriff sich verstecken!
Doch endlich dann, nach vielen Stunden,
Ist selbst das Portemonnaie gefunden!

### Erkenntnis

Ich habe mal wieder alles im Griff,

Nur mich nicht!

## Frauen

Jeder liebt die starke Frau?
(Weißt Du das denn so genau?)

Sie ist meistens nicht allein,
denn ihr fällt immer jemand ein,
dem sie folgt mit viel Entzücken,
und der sie meist auch kann beglücken!

Sie ist keine süße Puppe.
Ist ihr egal, es ist ihr schnuppe.

Heute ist sie wieder spröde.
Viele finden das zwar öde,
doch was kümmert sie das Morgen,
hat keine Pläne, keine Sorgen.

Jeden Anlass voll begießen,
auch wenn so Make-ups zerfließen.

Sie ist Star in diesem Ort,
darum geht sie auch nicht fort.

Sagt da einer, sie ist gierig?
Mach' die Sache doch nicht schwierig!

Doch was tut sie ganz allein???
Dazu fällt mir nichts mehr ein!

Genießen

Entspannt
    genieße ich den Abend,
versinkend
    in der mich einhüllenden
        Unendlichkeit der Wüste.

Ich bin geborgen,
    und <u>Eins</u> mit allem.

Es geht mir gut!


(Tilal Liwa Hotel im Juni)

## Gewissensfragen

Weißt Du wirklich, wie Du bist?
-   Vielleicht ein Egoist?
-   Oh nein, ganz sicher nicht!

Was ist Dein Ziel?
-   Und bist Du fromm?
-   Ach komm!

Was Dich leitet?
-   Hast nur Gutes Du verteilt?
-   Ist mir irgendwie enteilt!

Wer Dich führt?
-   Oder verführt?
-   Etwa ich?
-   Aber jetzt doch nicht!

Was Du morgen tust?
-   Vielleicht ruhst?
-   Oder schmust? Und mit wem?
-   Muss ich das wirklich jetzt gesteh'n?

Woher so manche Kräfte kommen?
-   Ich weiß es, doch oft
    Sind sie benommen.
-   So bin ich eben.
-   Es ist mein Leben!

Wo sind denn Deine schwachen Seiten
-   Aus Deiner Sicht?
-   Wieso, die hab' ich nicht!

Gehörst Du etwa zu den Alten?
-   Die ihre Wehwehchen nur verwalten?
-   Das werde ich für mich behalten!

<u>Verloren</u>

Verloren
  bin ich
    ohne Dich.

Wo ist
  Dein Lachen,
    wo Dein Streicheln?

Fallend
  suche ich,
    was uns verbindet.

Doch ich weiß,
  dass sich alles
    wieder findet!

<u>Windzüge</u>

Zögernd nur
  und sanft

streicheln mich
  die letzten
    kühlen Windzüge

und lassen Entspannung
  und Wohlbefinden
    in mir zurück.

Doch mir ist klar:
  Das war es dann,
    und eine lange Zeit
      des Wartens
        wird beginnen.

Abu Dhabi im April mit letzter 'winterlicher'
Kühle

# Gezeiten

**Ihr Europäer habt die Uhren,
Wir Araber haben die Zeit!**

# Zeitvarianten

## Zeitenplanung

Die Zeit, die einem noch gegeben:
Wie am besten mit ihr leben?
Planen und Zukunft fest gestalten?
Oder nur 'Tägliches' verwalten?

Ich werde ab sofort beschließen,
Jede Minute zu genießen.
Denn nur dann, so ich dies sehe,
Ich auch Zeitendruck entgehe.

## Zeitfragen

<u>Was ist</u> die Zeit?
Ist sie an Orte stets gebunden,
  teils in der Sommerzeit verschwunden?
Sind Zeitenzonen echt kreiert,
  oder von uns manipuliert?
Wie kann sie einfach so verrinnen?
  Können <u>wir</u> das nicht bestimmen?
Was macht sie nur an beiden Polen?
  Ein Schritt nur, um sie einzuholen!
Warum besteht sie aus Sekunden?
  Haben wir die nicht erfunden?
Kann man sie pflegen und bewahren,
  dies auch noch in tausend Jahren?

<u>Wo ist</u> die Zeit?
Hält man die Zeit in seinen Händen
  Und kann man sie für sich verwenden?
Ist sie bei Armen und auch Reichen,
  lässt sie durch Betteln sich erweichen?
Spielt sie oft mit uns Verstecken,
  lauert dann an allen Ecken?
Und kommt sie, wenn man sie dann braucht,
  oder verschwindet wie ein Hauch?
Ist sie in 'Schwarzen Löchern' aufzufinden?
  Ist's möglich, sie nur bei uns zu binden?

<u>Wem gehört</u> die Zeit?
Hat sie sich selbst ins All gesetzt,
  auch damit Rechte nicht verletzt?
Und falls doch jemand diese kennt,
  gibt es darauf ein Patent?

Wer oder was hat sie erfunden?
  Ist einem Schöpfer sie verbunden?
Atome werd'n von ihr bewegt;
  ist sie als DIN-Norm hinterlegt?
Kann man sie kaufen oder stehlen,
  dann behalten und verhehlen?
Durch wen wird wirklich sie verwaltet
  und ihr Ablauf stets gestaltet?
Wo wird Vergang'nes abgelegt?
  Und gibt es jemand, der das pflegt?

<u>Was macht</u> die Zeit?
Was ich gerade mach' und tu',
  bestimmt das sie und sieht dann zu?
Führt sie den Wecker, den hasst,
  oder die Bahn, die man verpasst?
Ist sie beim Stierkampf in Toledo,
  zugleich im Steakhouse bei Maredo?
Verändert Dinge, wie sie's will?
  Macht alles lahm, dann wieder schrill?
Hat sie manchmal keine Lust?
  Ist das der Grund für manchen Frust?
Ruht sie sich eigentlich auch mal aus,
  lässt alles schleifen?
Was wird dann draus?

<u>Was will</u> die Zeit?
Will sie uns sanft durch's Leben führen
  und verlangt dafür Gebühren?
Hat sie Entscheidungen verschoben?
  Ist sie aus diesem Stoff gewoben?
Ist sie ständig für uns da,
  zwar nicht greifbar, aber wahr?

Auch sich noch die Frage stellt,
  ob ihr's gefällt in dieser Welt.
Für's Verständnis überzogen:
  Ist sie etwa auch verlogen?
Kann ich mit ihr Zeit gewinnen,
  damit mein Schicksal selbst bestimmen?

Wo bleibt die Zeit?
Oftmals scheint sie wie verschwunden,
  scheint an Verträge nicht gebunden!
Nichts auf der Welt kann je verschwinden
  und wie kann man sie wiederfinden?
Wo bleibt die Zeit?
Ist sie bereit,
  uns weiter täglich zu begleiten?
Oder müssen wir uns vorbereiten,
  dass eines Tages reiset sie
  in eine ferne Galaxie?

Wie wird die Zeit?
Können wir ihr voll vertrauen,
  Zukunfts-Pläne auf sie bauen?
Das Suchen werden wir nicht lassen,
  denn Zeit ist niemals zu erfassen.
Soeben hat sie mich verlassen,
  wollt' mich noch mehr mit ihr befassen!
Doch eh' in Ärger ich verweile,
  schreib' ich schnell die letzte Zeile:
Hat die Zeit auch mal ein Ende?
  Falls ja, die Frage: Wann?

Und was dann?

## Dimensionen

Was ist 'oben' und was ist 'unten'?
Sind an Dimensionen wir gebunden?
Was ist 'vorne' und was ist 'hinten'?
Drei Dimensionen wir nur finden.

Doch es soll noch viele geben.
Kann man denn in diesen leben?
Oder tun wir das schon jetzt,
Nur sind damit nicht vernetzt?

Wenn unser Geist das nicht erfasst
Und damit wohl auch nichts verpasst,
Was bringt die vierte Dimension?
Egal, was ändert's schon!

## Zeitgestaltung

Ist dieser Spruch denn wirklich wahr:
'Es wird nichts mehr, wie es war'?

Doch wenn Zeit es möglich macht,
'Damals' und 'Zukunft' zu verbinden,
Warum sollte man dann nicht
Auch Vergangenes noch finden?

Die Zeit von heute
Ist von Menschen
Erst erdacht.
Doch ist sie auch durch uns gemacht?

Es gibt sicher Möglichkeiten,
Wenn wir es woll'n, sie zu festzuhalten.
Das heißt:
Lasst sie uns doch ausgestalten!

## Zukunft

Sobald man über ʻZukunftʻ sinnt,
Es doch gleich damit beginnt:
Ist sie vergleichbar mit dem ʻJetztʻ,
selbst mit Vergangenheit vernetzt?

Dann kommt gleich die nächste Frage:
Ihre Dauer? Wie viel Tage?
Kann sie denn unendlich sein?
Passt sie ins Universum rein?

Gibt's sie nur hier, ist so gebunden,
doch dreht auch anderswo die Runden?
Existiert sie einfach so,
auch im Bereich des Nirgendwo?

Wer hat die Zukunft denn ʻerfundenʻ?
Und wer verwaltet ihre Stunden?
Früher hat niemand was erahnt.
Hat erst die Menschheit sie geplant?

Wie ist sie mit der Zeit verbunden?
Zählen bei ihr denn auch die Stunden?

Wie wird ihre ʻZukunftʻ sein?
Weiß sie das, schaut sie da rein?
Änderung in tausend Jahren?
Wir werden es wohl nicht erfahren!

Kann ich meine Zukunft lenken?
Ich wage oft, daran zu denken.
Kann ich sie manipulieren
ohne Vertrautes zu verlieren?

Ich würde jetzt gern' sie ersinnen
und Zukunft damit selbst bestimmen.

Ist sie mit 'Früher' eng verbunden?
Damals war Zukunft schon gefunden.
Kann man das 'Damals' noch mal drehen,
und falls möglich, wie kann's geschehen?

Die Frage doch,
die wichtig ist:
Hab' ich im Leben was vermisst?
Hab' ich das Leben so gelebt,
wie es mir wirklich vorgeschwebt?

Kann ich Wünsche neu erfinden
und sie an meine Zukunft binden?

Falls nicht, dann hab' ich was zu tun,
und werd' in Zukunft auch nicht ruh'n,
mich ihr vollends hinzugeben
und ein erfülltes Leben leben!

## Zeit und Wege

Ich messe Zeit,
  durchschreite Wege.
Die Zeit verrinnt,
  manch' Schritt wird träge.
Sind Zeit und Strecken
  so verschieden?
Ist uns die Ahnung
  nur geblieben
An einen Zustand
  ohne Grenzen,
Den nun mit Formeln
  wir ergänzen?
Ändert sich Zeit,
  ändern sich Wege.
Was zum Erkennen
  uns verbliebe:
Zeit und Wege
  sind vereint,
Obwohl dies uns
  recht schwierig scheint!

Zeitvariationen

Wie ist die Zeit?

Ist sie
  zeitgenau
    zeitnah
      zeitfremd
        zeitgemäß
          zeitlos?

Tick und tack,
  dies jede Stunde.
    Der Zeiger macht so
      seine Runde.
        Doch ich schau:
          Ist er genau?

Für uns're Welt
  scheint sie stets nah.
    Doch was im
      Orion geschah?
        War sie schon da?

Alle möchten
  ihr vertrauen.
    Doch sie lässt sich
      nicht durchschauen.
        Ist sie gehemmt,
          und deshalb fremd?

Oft reicht die Zeit
  zum Atmen kaum.
    Dann wiederum
      füllt sie den Raum.

Sie spielt so ihre eig'nen Karten.
Antwort ist nicht zu erwarten!

Zeit-Verschwendung

Irgendwas hat uns verblendet:
Nämlich, wie man Zeit verschwendet!

Wie oft schaust Du auf die Uhr?
Auch wenn es sind Sekunden nur.

Doch dies ist es nicht bei Weitem,
Denn es summieren sich die Zeiten.

Bei Lebensende 1000 Stunden.
Wär' was Bess'res nicht gefunden?

# Gedanken von Umberto Eco

Auszüge aus:

'Das Faucaultsche Pendel'

- Die Natur ignoriert die Zeit!
  Nicht in linearen Abfolgen denken.

- Die Zeit ist eine Erfindung des Occidents.

- Illusion, dass die Zeit eine zielgerichtete und lineare Abfolge ist (von A nach B).
  Auch von B nach A, und die Wirkung kann die Ursache hervorrufen!

- Wie läuft das Wasser am Äquator ab? (Coriolis-Kraft)

- Wer über vier Dinge nachgrübelt, der wäre besser nie geboren:
  Was oben, was unten, was vorher und was nachher ist!
  (Talmud)

- Der Feige stirbt schon vielmal, eh' er stirbt.
  (Shakespeare)

- Man ist weise geworden, aber man weiß es zu spät.
  Man begreift alles, wenn es nichts mehr zu begreifen gibt!

# Gedanken von Alan Lightman

Auszüge aus:

'Einstein's Dreams: Und immer wieder die Zeit'

## 10. JUNI 1905

Angenommen, die Zeit wäre nicht eine Quantität, sondern eine Qualität wie das nächtliche Leuchten über den Bäumen, wenn der aufgehende Mond gerade die Baumlinie erreicht hat.
Die Zeit existiert, aber sie kann nicht gemessen werden.

…

In einer Welt, in der Zeit nicht gemessen werden kann, gibt es keine Uhren, keine Kalender, keine eindeutigen Verabredungen. Ereignisse werden durch andere Ereignisse ausgelöst, nicht durch den Fortgang der Zeit. Man beginnt mit dem Hausbau, wenn das Bauholz und die Steine an der Baustelle eintreffen. Der Steinbruch liefert Steine, wenn der Steinbruchbesitzer Geld braucht.
Der Unterricht am Gymnasium wird eingestellt, wenn der Schüler seine Prüfung bestanden hat.
Züge fahren aus dem Bahnhof, wenn sämtliche Plätze in den Waggons besetzt sind.

In einer Welt, in der die Zeit eine Qualität ist, prägt man sich die Ereignisse ein, indem man sich an die Farbe des Himmels erinnert, an den Tonfall der Rufe des Bootsmannes auf dem Fluss.

…

Alle Ereignisse gleiten vielmehr durch den Raum der Imagination, materialisieren sich durch einen Blick, ein Begehren. Die Zeit zwischen zwei Ereignissen kann entsprechend lang oder kurz sein, je nach den kontrastierenden Ereignissen, der Intensität der Beleuchtung, dem Verhältnis von Licht und Schatten, dem Blickpunkt der Beteiligten.

Manche versuchen, die Zeit zu quantifizieren, sie zu zergliedern und aufzuteilen. Sie werden in Stein verwandelt. Ihre Körper stehen erstarrt an den Straßenecken, kalt, hart und schwer.
Schließlich werden diese Statuen dem Steinbruchbesitzer gebracht, der sie in gleichmäßige Teile zersägt und zum Hausbau verkauft, wenn er Geld braucht.

## 15. JUNI 1905

In dieser Welt ist die Zeit eine sichtbare Dimension. So wie man in die Ferne schauen und dort Häuser, Bäume und Berggipfel wahrnehmen kann, die Orientierungspunkte im Raum bieten, so kann man auch in eine andere Richtung schauen und dort Geburten, Hochzeiten und Todesfälle sehen, die als Wegweiser in der Zeit dienen und sich in der fernen Zukunft verlieren.

Und so wie man sich entscheiden kann, ob man an einem Ort bleiben oder zu einem anderen laufen möchte, so kann man auch seine Bewegung auf der Zeitachse wählen.

Manche haben Angst, sich weit von einem behaglichen Moment zu entfernen. Sie halten sich an einen bestimmten zeitlichen Ort und trauen sich nicht einen Schritt über ein vertrautes Ereignis hinaus.
Andere galoppieren unbekümmert in die Zukunft, ohne auf die rasche Folge der vorüberziehenden Ereignisse vorbereitet zu sein.


*(Was mache ich?)*

## 18. JUNI 1905

Vor einer Kathedrale im Zentrum Roms erstreckt sich eine Schlange von zehntausend Menschen quer durch die Stadt nach außen, wie der Zeiger einer riesigen Uhr, bis an den Stadtrand und noch weiter.

Doch die geduldigen Pilger sind nach innen gerichtet, nicht nach außen. Sie warten, bis sie an der Reihe sind, den Tempel der Zeit zu betreten. Sie warten darauf, sich vor der Großen Uhr verneigen zu können.
Sie sind von weit her gereist, sogar aus anderen Ländern, um dieses Heiligtum zu besuchen.
Jetzt stehen sie geduldig in der Schlange, die sich langsam durch makellose Straßen schiebt.
Manche lesen in ihren Gebetsbüchern. Manche tragen Kinder.
Manche essen Feigen oder trinken Wasser.

Und während sie warten, scheinen sie das Verstreichen der Zeit vergessen zu haben.
Sie schauen nicht auf ihre Armbanduhren, denn sie haben keine. Sie lauschen nicht auf die Glocken einer Turmuhr, denn es gibt keine Turmuhren.
Armbanduhren und Turmuhren sind verboten, mit Ausnahme der Großen Uhr im Tempel der Zeit.
    …
Vor langer Zeit, bevor es die Große Uhr gab, wurde die Zeit anhand von Veränderungen der Himmelskörper gemessen:
An der langsamen Wanderung der Sterne über den Nacht-himmel, am Bogen der Sonne und den Schwankungen des Lichts, am Zu- und Abnehmen des Mondes, an den Gezeiten des Meeres und den Jahreszeiten.
Die Zeit wurde auch am Herzschlag gemessen, an den Rhythmen der Schläfrigkeit und des Schlafs, an der Wieder-

kehr des Hungers, am Menstruationszyklus von Frauen, an der Dauer der Einsamkeit.

Schließlich wurde dann in einer kleinen Stadt in Italien die erste mechanische Uhr gebaut. Die Menschen waren fasziniert.
Später waren sie entsetzt. Hier war eine menschliche Erfindung, die das Verstreichen der Zeit quantifizierte, die Lineal und Zirkel an die Spanne des Begehrens legte und die Momente eine Menschenlebens exakt ausmaß.
Es war zauberhaft, es war unerträglich, es war wider die Natur.
Doch man konnte sich nicht über die Uhr hinwegsetzen. Man würde ihr huldigen müssen.
Der Erfinder wurde bewogen, die Große Uhr zu bauen. Anschließend wurde er getötet, und alle anderen Uhren wurden zerstört.
Damals begannen die Pilgerfahrten.

...

Jeder Mann und jede Frau müssen zm Tempel der Zeit reisen. So erstreckt sich an jedem Tag, zu jeder Stunde eine jeden Tages eine Schlange von Zehntausenden vom Zentrum Roms quer durch die Stadt bis über den Stadtrand hinaus, eine Schlange von Pilgern, die darauf warten, sich vor der Großen Uhr zu verneigen.
Sie stehen ruhig da, lesen Gebetbücher, tragen ihre Kinder.
Sie stehen ruhig da, doch insgeheim kochen sie vor Zorn.
Denn sie müssen zusehen, wie gemessen wird, was nicht gemessen werden sollte. Sie müssen dem exakten Vergehen von Minuten und Dekaden zusehen.

Sie sind ihrer eigenen Findigkeit und Kühnheit auf den Leim gegangen. Und sie müssen sie mit ihrem Leben bezahlen.

## 20. JUNI 1905

In dieser Welt ist die Zeit ein lokales Phänomen. Zwei eng benachbarte Uhren ticken ungefähr mit gleicher Geschwindigkeit. Voneinander entfernte Uhren jedoch ticken mit unterschiedlicher Geschwindigkeit.
Je weiter sie voneinander entfernt sind, desto mehr geraten sie außer Tritt.
Und was für die Uhren gilt, gilt auch für das Tempo des Herzschlags, den Rhythmus der Atmung, die Bewegung des Windes in hohem Gras.
In dieser Welt fließt die Zeit an unterschiedlichen Orten mit unterschiedlicher Geschwindigkeit.

...

Folglich ist jede Stadt für sich. Jede Stadt ist eine Insel. Jede Stadt muss ihre eigenen Pflaumen und Kirschen anbauen, jede Stadt muss ihre eigenen Rinder und Schweine züchten, ihre eigenen Fabriken errichten. Jede Stadt muss allein zurechtkommen.

Gelegentlich wagt sich ein Reisender von einer Stadt in eine andere. Ist er verwirrt? Was an seinem Ort Sekunden dauerte, kann woanders Stunden in Anspruch nehmen, oftmals Tage.
In der Zeit, in der an einem Ort ein Blatt herabfällt, kann an einem anderen eine Blume erblühen.
Während der Zeit, die ein Donnerschlag an einem Ort beansprucht, können sich an einem anderen zwei Menschen ineinander verlieben.

...

Während man sich aus einer Zeitzone in die andere begibt, passt sich der Körper an das lokale Tempo der Zeit an. Wenn alles - jeder Herzschlag, jede Schwingung eines Pendels, je-

des Entfalten der Flügel eines Kormorans - aufeinander abgestimmt ist, woran soll man
dann erkennen, dass man in eine andere Zeitzone geraten ist?

...

Erst wenn er mit seiner Heimatstadt Verbindung aufnimmt, erkennt der Reisende, dass er eine andere Zeitzone betreten hat.

...

Doch manchen gefällt die Isolation sehr gut. Ihre Stadt ist für sie die großartigste überhaupt, und daher sind sie am Verkehr mit anderen Städten nicht interessiert.
Solche Menschen stehen morgens, wenn die Sonne über den Bergen aufgeht, auf ihren Balkonen, ohne je über den Rand ihrer Stadt hinauszusehen.

...

Andere brauchen Kontakt. Endlos bestürmen sie den seltenen Fremden, der in ihre Stadt kommt, mit Fragen, fragen ihn nach den Orten, an denen er gewesen ist, nach der Farbe der Sonnenuntergänge dort, nach der Größe von Menschen und Tieren, nach den Sprachen, die anderswo gesprochen werden, nach dem Werbungsverhalten, nach Erfindungen.

Schließlich macht sich einer der Neugierigen auf, selbst nachzuschauen, verlässt seine Stadt, um andere Städte zu erkunden, wird selbst zu einem Fremden.

Er kehrt nie zurück.

# 2007

## Glücklich sein

Du kannst Glück nur dann empfinden,
  wenn Du einst tieftraurig warst.
Kannst Reichtum wirklich nur genießen,
  wenn Du den Abgrund vor Dir sahst.
Kannst Deine Gedanken frei entfalten,
  wenn diese mal gefangen waren.
Kannst Dir Wünsche nur erfüllen,
  wenn Du geduldig bist.
Versuche, das Schöne zu verfolgen.
  Doch vergiss nicht,
    alles andere in Dir
      mitzunehmen.
 Um nicht
    zu vergessen.
 Um immer es zu fühlen.
    Nur so kannst Du Glück empfinden.


Almería, 15.01.07

## Bin Bauleiter von Beruf

Sichtlich verändern tun die Welt,
Bauingenieure,
Und es gefällt fast jedem,
Wie Stein und Erde sie bewegen,
Um neue Bauten zu kreieren,
Die formvollendet Landschaft zieren.

So beginn' ich Baufachmann
Meinen Tag mit viel Elan.
Hab' die ganze Konstruktion
Längst vor meinen Augen schon,
Die heute hier entstehen soll,
Und ich fühl' mich stark und toll!

Doch kaum den Arbeitsplatz erreicht,
Sind viele Ziele aufgeweicht,
Denn erst mal stehen Dinge an,
Die man nicht liegen lassen kann:

Hab' Materialien zu bestellen,
Verteil' an Leute Maurerkellen.
Ich muss nochmal den Spannstahl zählen,
Dann sich das Gerüst hochquälen.

Der Polier liegt blau zuhaus',
Sein Schweißer muss ins Krankenhaus.
Verstopfter Abfluss im Quartier?
Keine Panik, ich bin schon hier!

Ich reagier' auf jeden Ruf,
Denn ich bin Bauleiter von Beruf!

Hab' Termine festzulegen,
Und hoffe stark, es gibt kein' Regen.
Wann kommt der Mixer?
Ist er auch pünktlich?
Beton wird hart,
Dies manchmal stündlich!

Die Rede vorm Minister halten,
Dann den Schriftverkehr verwalten.

Wer wohl diesen Job erschuf?
Egal, ich bin Bauleiter von Beruf!

Zwischendurch auch Akten tragen.
Vom Bauherrn kommen tausend Fragen,
Denn er braucht Beschwichtigung:
Besuch kommt zur Besichtigung!
Anruf vom Chef: 'Gib' das mal weiter!'
Ich ruf' sein Boss an: Hoch die Leiter!

Der Bolzen passt nicht in die Mutter,
Doch sonst ist alles hier in Butter!

Von allen Seiten hau'n se druff!
Macht nichts,
Denn ich bin Bauleiter von Beruf!

Bin in Kontakt mit Lieferanten,
Zur Not kauf' ich auch Elefanten,
Die endlich sollten mich bewegen,
Ein dickes Fell mir zuzulegen!
Alle Rädchen müssen passen.
Nur das Budget nicht verprassen!

Schließlich hat der Tag ein Ende.
Wenn ich doch jetzt mal Ruhe fände!
Denn wieder steht die Frage an:
Was hab' ich für den <u>Bau</u> getan?

Doch durch irgendeine Kraft,
Ist wiederum ein Stück geschafft.
Wer auch dieses Wunder schuf:
Bauleiter sein ist Traumberuf!

## Was sind 50 Jahre?

50 ist doch nur
  ein theoretisches Gebilde
Und jemand führte
  nur im Schilde,
Des Menschen Wohlsein
  zu zerpflücken,
Ihn mit Zahlen
  zu beglücken!

Was sind denn 50,
Wenn Du so
  herzerfrischend lachst,
Und damit and're
  glücklich machst.
Und lieber,
  statt am Herd zu steh'n,
Abends magst
  auf Achse geh'n.

Was sind denn 50,
Wenn, wie Du Dich bewegst,
  und wie Du gehst,
Männern, jung wie alt,
  ganz schön ihren Kopf verdrehst!
Wenn man mit einer Top-Figur
  stets Eindruck macht.
Und nicht genug:
  Dazu noch diese Power-Locken-Pracht!
Was sind denn 50,
Wenn Deine Augen strahlen
  und Du genießt

Alles Schöne,
    das Du siehst.
Wenn Neugier und Wunsch
    zusammenfinden,
 Um Tiefes und Neues
    zu ergründen.

Was sind denn 50,
Wenn Dein Streben
    und Interessen,
Lassen Grenzen
    selbst vergessen.
So viele Ziele
    strebst Du an,
Hast Deinen Spaß
    und Freude dran.

Was sind denn 50,
Wenn auch die Zeit
    so schnell verfliegt,
Ein wunderschöner Lebensteil
    doch vor Dir liegt.
Es gilt wie jetzt
    sicher auch künftig:
Du wirst bleiben
    ohne Ruh'!
Was hier zählt,
    sind nicht die 50.
Was nur zählt
    bist Du!

## Flanieren gehen

Heute geh' ich mal flanieren,
   meine Schönheit präsentieren.
Mein Minirock ist wirklich chic,
   doch sind die Schenkel nicht zu dick?
Und ist denn meine Haut auch glatt?
   Oder schon zu schlaff und matt?
Wie werde ich denn bloß
   endlich meine Falten los?
Der Büstenhalter heftig drückt,
   doch alles in die Höhe rückt!
Wie ist mein Gang? Geh' ich auch richtig?
   Dies ist für's Gesamtbild wichtig!
Taugt der Lippenstift zum Küssen?
   Nur nicht meinen Schmuck vergessen!
Passt der Nagellack zum Schuh,
   oder die Farbe jetzt tabu?
Ist der Mantel 'out of fashion'?
   Und brauch' ich wieder mal 'ne Session
mit Lehm und Gurken und Gemüse,
   damit auch meine Haut genieße?
Ach, nun noch das:
   Es regnet und macht die Haare kraus.
Besser ist, ich bleib' zuhaus'!

## Suche

Das Leben
   ist immer Suche
      nach dem
Ich
   und seinem
      wirklichen
Verlangen

## Stille und Glück

Lärm,
  Geräusche,
    Hektik.
Eindringlich,
  angreifend,
    störend.
Doch dann wieder
  Erinnerungen
    an Zeiten,
      an Orte,
        an Stille.
An tropische Nächte,
  in denen,
    kaum bemerkt,
      die abendliche
        vertraute
          Schwere naht.
Die dann verharrt
  und lautlos
    ihren Schleier
      um Alles
        und um Jeden
          legt,
Das Innere
  erfasst
    und Frieden
      hinterlässt.
Und frei macht,
  denn Zeit ist
    ausgelöscht.

Und Gedanken
  haben dann
    unendlichen Raum,

Für immer
  in Erinnerung
    bewahrt.
Momente
  des
    Glücks!

Fragen

Ich habe Hunderte von Fragen,
  doch magst Du bitte mir jetzt sagen,
Was Du wirklich sehr vermisst,
  damit Du **heute** glücklich bist?

Ist es Liebe?
  Sind es Triebe?
    Ist es Schmökern?
      Zeugs verhökern?
        Ist es Ruh'n
          und Garnichts tun?

Vielleicht sind das zu viele Fragen,
  doch Du solltest Auskunft wagen,
    was Dich manchmal so bedrückt,
      damit die Zukunft uns auch glückt!

Fehlt die Sonne?
  Keine Wonne?
    Bin ich ein Graus?
      Eine Angst,
        vor der Du bangst?

Mach einfach, was Du zu tun gedenkst,
  Denn es gibt keinen, der Dich lenkt!
    Tu, was immer ist Dein Wille,
      tu es, wenn auch in der Stille!

## Das Handy

Und wieder steig' ich den Zug,
  hab' von diesem Tag genug.
Doch statt der stark erhofften Stille,
  empfängt mich Telefon-Geschrille:
Es piept, es tönt, macht Melodien,
  den Benutzern sei verziehen!
' Ich bin hier, wo bist denn Du?'
  Wichtig ist, jemand hört zu.
 Akku ist leer, wo kann man laden?
  'Wen kann ich nach 'nem Kabel fragen?'
'Hallo Schatz, ich komm' verspätet,
  denn an 'ner Weiche wird gelötet!'
'Kauf noch eine Pizza ein,
  und auch Tampons, Größe klein'.
Ringsherum sitzt mancher still,
  da er nichts verpassen will.
Ach, wie schön fährt es sich Bahn,
  wenn jeder frönt mobilem Wahn!

## Dein Lachen

Immer, wenn Du lachst,
  Du viele Menschen glücklich machst!
So wie Deine Heiterkeit
  and're vom Trübsal gleich befreit!
Du zauberhaft
  dies möglich machst.
Wie Sterne
  strahlt es, ich mag's so gerne.
Es passt zu Dir!
  Verteil' Dein Lachen
Und schenk's auch mir!

## Warum

Warum ist die Welt manchmal verlogen?
Sagt man nicht, was so bedrückt?
Denn ist die Gerade erst verbogen,
Ist auch Verständnis schnell entrückt.
Warum entziehst Du Deine Nähe,
Obwohl ich gerne bei Dir wäre?

Vieles kann man schwer verwerken,
Doch schau' doch mal auf Deine Stärken!
Ist alles Mist?

Doch Du vergisst,
Dass es viel schöne Dinge gibt:
    Es gibt da jemand, der Dich liebt!
    Es gibt Lachen, es gibt Reisen,
    Es gibt Genuss und leck're Speisen.
    Es gibt so Vieles auf der Welt,
    Das wohl immer uns gefällt.

Mein einziger Wunsch ist dieser hier:
Immer glücklich sein mit Dir!

## Richtungen

Seinem Leben
   'Richtung geben'.
Doch ist es auch
   die 'richtige' Richtung?
Was ist richtig?
Und:
Hat denn nicht jeder Schritt
   im Leben
     eine Richtung?
Und:
Wer hat das Recht,
   darüber zu
     richten?

## Wahre Liebe

Ist sie da?
    Und wenn ja,
      wie wahr?

Ist sie offen?
    Darf man
      hoffen,

Dass sie
    einen nicht
      betrügt,

Man sich
    besser nicht
      verliebt?

Doch Liebe ist,
    wie wahr:
      Einfach da!

## Ziele

Meistens ziemlich unverhüllt,
ist das Leben doch erfüllt
von Zielen
(manchmal heimlich, falls sie peinlich),
die unseren Geist woll'n dazu bringen,
dass diese Ziele auch gelingen!
Doch sind die Ziele immer nur,
von recht verschiedener Natur:
- Es kann die vage Hoffnung sein,
    dass der Zug trifft pünktlich ein.
- Man im Job auch nichts vergisst,
    damit der Bau erfolgreich ist.
- Auf Lebenszeit nicht wegzudenken:
    Dir jeden Tag viel Glück zu schenken.
- Stets in mein Bewusstsein geh'n,
    um Deine Wünsche zu versteh'n.
- Ein Ziel ist, Neues zu erfahren,
    und Erfahrungen bewahren.
- Sich selbst zu sein, sich zu begreifen,
    doch auch auf neuen Pfaden schweifen.

Auf Reisen sein, ist das ein Ziel?
Ja, es bedeutet mir so viel,
um alles von der Welt zu wissen.

Auf keinen Fall will ich vermissen,
und dies so wichtig für mich ist:
Dass Du glücklich mit mir bist!

## Mein bester Freund

Du hast Dich davongestohlen
Und bist einfach nicht mehr hier.
Ich sag' Dir hiermit unverhohlen:
Dieses war nicht fair von Dir!
Du warst Teil von uns'rem Leben,
Hast uns Hilfe, Spaß gegeben.
Warum nicht weiter in die Berge?
Nicht noch einmal Drachenboot?
Den Kummer ich nur schwer verberge,
Denn alles ist nicht mehr im Lot!
Warum nicht weiter frotzeln, lachen,
Und and're Menschen glücklich machen?
Ich glaube nicht, Du wolltest ruh'n,
Denn es gab Manches noch zu tun!
Du hast Dich davongestohlen
Und bist einfach nicht mehr hier.
Bist nicht mehr zurückzuholen,
Doch die Gedanken sind bei Dir!

## Reisen

Ich bin nicht hier,
  und auch nicht dort.
Erst hält's mich fest,
  dann schickt's mich fort.
Ich reise gerne,
  doch bin ich glücklich?
Zuhause sein
  ist das nicht schicklich?
Aber ich plane
  lange Fahrten.
Gibt es denn Neues
  zu erwarten?
Ist auch die Zukunft
  ungewiss,
Verloren sie mich
  niemals ließ!

## Liebes - Geschenk

Für jede neue Liebe
   zahlt man seinen Preis,
     wie immer dieser
      sich auch zeigt.

Es sei denn:
   Es ist die größte
     und die tiefste
      und die intensivste
       und berauschendste
        Liebe in Deinem Leben!

Dann ist sie dauerhaft
   und Du wirst beschenkt!

## Sei mein

Wenn ich
  Dich berühre
    und Dich spüre
Dann ist
  Zeit versunken
    und wie trunken
Will ich
  Dich finden,
    an mich binden
Und nur
  glücklich sein.

Sei mein!

## Zoobesuch

Heute besuchen wir 'nen Zoo,
der ist nicht so wie anderswo:
Manch' Tier sich seltsam hier benimmt,
anders, als es war bestimmt.

Das Nilpferd schüttelt seine Mähne,
den Ferkeln fallen ihre Späne.
Drei Hörner gehen dort spazieren:
Ein Ein, ein Nas, ein Eich sie zieren.

Die Lope kann es noch nicht fassen:
Ihr Anti hat sie heut' verlassen!
Doch groß genug ist dieser Zoo:
Morgen sucht sie einen Pro.

Hier vorne rollt ein Tier die Murmel,
dort in der Höhle kreischt das Urmel.
'Ein Kreuz ist's, ruft die lange Otter,
die Maus vom Feld fing ich sonst flotter!'

Ein Hund ist bei 'nem Flug verschwunden,
doch weiterhin dreht ihre Runden
die Maus auf Suche nach dem Fleder;
dabei weiß doch eigentlich jeder:
Ein guter Partner, ohne Witz,
wär' für die Maus doch auch ein Spitz!

Hier liegt ein Tier ganz faul herum,
führt Bär nicht an der Nase 'rum.

Der Wal ist mal wie immer blau,
dabei weiß er ganz genau,
dass ihm schlecht wird irgendwann,
was meistens nur der Reiher kann!

Der Fluss ist eisig, die Aale zittern;
Selbst der Biber kriegt das Bibbern.

Die wahren Meister aller Dinge,
sind jedoch die Schmetterlinge.
Die Entscheidung, Fisch zu sein,
fiel immerhin recht vielen ein.
Des Pfaues Auge kriegt zwei Flügel,
und hinter jenem kleinen Hügel
sitzen Falter, die toll gestalten
und unentwegt Zitronen falten!

Still am Ufer
steht in Ruh'
und ohne viel Getu'
das Gnu.
Blickt auf den Seegrund
und schaut der Kuh
beim Grasen zu.

# 2006

## Buch-Geschenk

Dieses Buch ist,
glaube ich,
ein guter Platz,
um Worten, Werken und Gedichten,
mein Schatz,
Platz zu geben,
hoffend,
sie bleiben dort am Leben.
Zwar manchmal
leicht getrübt,
sind jedoch
sie meistens heiter.
Lies einfach weiter!


(Buch mit einigen meiner Gedichte als
Geschenk an Monika)

## Leben

Was ist da?
   Was davon wahr?
Ist denn vieles
   auch vergebens?
Und was gehört
   zur Erfüllung
      eines Lebens?

## Gedichte, Verse, Zeilen

Gedichte, Verse, Zeilen:
  Schreib᾽ schnell sie nieder,
    bevor sie mir enteilen.
Aus etwas werden sie erschaffen.
  Ich halt᾽ sie fest,
    bevor sie noch erschlaffen.
Sie lassen sich oft leicht entdecken,
  auch wenn sie wieder
    möchten sich verstecken.
Doch wenn das erste Wort gefunden,
  ist man diesem
    fest verbunden,
Und fährt dann mit dem Schreiben fort,
  dies kann sein
    an jedem Ort.
Worte suchen stets die Weite,
  kümmern sich nicht
    um Länge, Höhe, Breite;
Und glauben,
  sie stehen nur für sich.
Doch das ist falsch:
  Denn alles hier
    ist auch für Dich!

## Verloren

Oft verliere ich mich
   in Gefühlen,
     statt zu schaffen.
Oft denke ich
   an Zukunft,
     bin nicht echt hier.
Oft durchstreife ich
   das Universum
Und weiß nicht,
    ob es nur Gedanken sind
      oder wie wahr das alles ist!
Wo bin ich?

## Stolze Frauen

Stolze Frauen
- gehen aufrecht
- schauen nach vorne
- ziehen Blicke auf sich
- tragen hohe Schuhe
- sind stets begehrenswert

Ich liebe stolze Frauen
- wie Dich!

## Gefühle

Sonne auf der Haut
  zu fühlen
Dann ins Meer
  sich abzukühlen
Sich vom Wind
  umstreicheln lassen
Gleich zarten Händen
  die mich umfassen
Sich der Natur voll
  hinzugeben
Das ist wirklich
  volles Leben
Um diese Vielfalt
  zu verstehen
Fehlt mir nur eines:
  Dich daneben!

Erinnerung

Ein Nachmittag,
gestohlen aus der Hektik.
Allein.
Und Sonne,
geschenkt von der Unendlichkeit,
ewig.
Gelöste Gedanken
kommen wie von selbst,
verfliegen wieder.
Was bleibt,
ist eine schöne Erinnerung.
Für immer.

Nur Du

Nur Du
- hast mir geholfen, als ich verzweifelt war,
- hast mich getröstet, als fertig ich nach Hause kam,
- hast Briefe mir geschrieben, als ich einsam war,
- hast mich gestärkt, als ich mich elend fühlte ,
- hast meine Hand gehalten, als ich traurig war,
- hast auch zu mir gestanden, als ich für Dich
  schwierig war,
- hast mich begleitet, als ich Deine Nähe brauchte,
- hast mich dadurch für immer gebunden.

Ich danke Dir dafür!

In der Nacht

In Deiner ganzen Schönheit
   liegst Du neben mir,
Atmest
   ruhig und entspannt.
Und ich hoffe,
   Du hast einen
   wunderschönen Traum.
Und ich kann
   meinen Blick nicht
   von Dir lassen.
Denn Du bist bei mir.
Und ich bin damit
   der glücklichste Mensch
   der Welt!

Regen

Regen peitscht
    gegen das Fenster
Und lässt das
    Draußen kaum erkennen.
Ich denke an Dich.

Landschaft
    fliegt vorbei
Und jeder Moment
    ist sofort Vergangenheit.

Ich komme zu Dir,
    um Dich noch heute
        in meine Arme zu nehmen.


(Eine Zugfahrt)

## Das bist Du

Mit einem Körper,
  dass mein Herz
    gleich höher schlägt.

Einen Gang,
  der die Sinne
    mir verdreht.

Und sowieso alles,
  wie es
    im Buche steht.

Das bist nur Du!

## Schönere Zeiten

Hinweg
ihr grauen Wolken,
ihr trüben Stimmungen,
ihr Nichtigkeiten,
ihr Verdrießlichkeiten!
Es muss doch geben
schön're Zeiten!

Lange Nacht

Lange Nacht,
  und mit offenen Augen
    in das Dunkel sehen.
      Du fehlst mir!

Lange Nacht,
  und Gedanken sind bei Dir.
    Wünsche malen in die Dunkelheit.
      Du fehlst mir!

Morgengrauen,
  ich fühle jetzt schon Deine Nähe,
    und doch noch kein Berühren.
      Du fehlst mir!

 Ich sehne mich nach Dir.


(Teheran, 03/09/2006)

## Schönheit

Schönheit
   entsteht durch
      positives Denken.

Zufriedenheit
   entsteht so,
      wie auch Grazie.

Ein Weg.
   Und warum
      begehen wir ihn
      so selten?

Wellen

Kräuselnd
sind die Wellen
und hoffnungsvoll
streben sie dem Strand zu,
nicht ahnend,
dass sie dort vergehen werden.


(Am Altwarmbüchner See)

## Landschaft

Landschaft, Weite
  zieht vorbei.
  Langsam nur,
  und macht darum
  diese Zeit
  so unvergesslich.

Weite,
  schön und befriedigend
  zieht vorbei
  und ich genieße
  dies mit Dir.

Momente,
  kurz nur, und doch
  bleiben wollend.
  Ich behalte
  sie in mir.

Aus Momenten
  erfüllt sich Zukunft,
  schön und ausbreitend.
  Ich erwarte
  sie mit Dir.
  In Freude!

(Eine Zugfahrt mit Dir)

## Stark sein

Ich will stark sein
  und gesund.
Ich will schlank sein,
  bloß nicht rund!
Ich will potent sein,
  niemals schwach.
Ich will fit sein,
  nicht so 'na ach'.
Ich will selbst noch
  Rekorde brechen.

(Wären da nicht
  meine Schwächen!)

Ach, egal!

## Momente

Es gibt Momente,
  die mir sagen,
Was ich in Zukunft
  zu tun und
    was zu lassen habe.
Tief von
  Innen kommend,
Haben sie mich,
  ungelogen,
    selten doch betrogen!

## Venezia

Durch Gassen schwebend
  eine Stadt erlebend,
die nur Schönes gibt.
  Man ist in sie verliebt!
Und die auf Ewigkeit auch weiß:
  Einmal gefunden,
  ist man immer ihr verbunden.
Stets berührend,
  und sich wie imTraum
  von ihr führen lassen,
Kann dieses  auf der Welt
  zu einer Stadt nur passen.
Nur sie allein macht dieses wahr:
Venezia!

## Sadness

Sadness,
  and you are not with me.
Mourning,
  and I'm alone.
Alone
  with my grieve.
How
  could it happen?
Where
  is the answer?
I'm left alone
  with my tears.


12.12.06

Geschenkter Samstag

Geschenkter
    Samstagnachmittag
        am See.
Sonne
    und nur
        ausgeglichene Menschen.
Darum
    nur schöne Menschen.

Ruhe
    und sachter Wind.

Ich genieße.

Und warum
    nicht öfters?

Tranquilidad

Buscando tranquilidad,
me voy a la playa.
Sol, mar y solo yo.
Y el ruido ligero de las ondas.
Soy feliz.
Pero tu me faltas!

# 2005

Meine Blume

Du bist wie eine Blume:

- Schlägst Wurzeln in meinem Herzen
- Bist dann zart wie eine Knospe
- Erwächst zu schönster Blüte
- Entfaltest reichste Anmut
- Betörst mit Deiner Schönheit
- Lockst mit Deinem Duft
- Umgarnst mich mit Deiner Lieblichkeit

Und machst mich glücklich!

## Der Nikolaus

Der Nik'laus ist
  ein braver Mann,
der keine Schuhe
  putzen kann.
Dieses tun für ihn
  nämlich die Kinder,
doch auch die Eltern,
  die sind geschwinder.
Er kommt dann
  mitten in der Nacht,
wenn alles schläft
  und keiner wacht,
und kippt, was so
  der Sack enthält,
durch den Schornstein,
  und dies fällt
in die Stiefel
  genau hinein,
doch nur,
  wenn diese nicht zu klein,
es wäre schade
  um die Schokolade.
Er hofft, dass allen
  es gefällt.
Und wenn der Tag
  sich dann erhellt:
War's nicht so toll,
  macht ihn nicht nieder!
Denn nächstes Jahr,
  da kommt er wieder!

Dein Geburtstag

Dein Geburtstag!
Viele Wünsche von mir:
Wünsche,
  dass bleibt,
    was ist:
Glück.
  Welches Glück?
  Das Glück
  Der Freude,
    zu genießen,
  Der Hoffnung,
    dass es auch so bleibt.
  Der Liebe,
    die ich Dir geben möchte.
  Des Stolzes,
    den Du hast.
  Der Zeit,
    die Du bestimmst.
  Der Wünsche,
    die Du Dir erfüllen kannst.
  Der Zufriedenheit,
    die sich so einstellt
  Der Gesundheit,
    die Dich begleitet.
  Der Schönheit,
    die Du besitzt.
  Des Erlebens,
    das die Welt Dir bietet.
  Der Familie
    die Du hast.

## Stimmungen

Es gibt Tage,
  da möchte man
    die Unendlichkeit
      greifen
            - und dies auch könnte!

Dann gibt es Tage,
  die verzweifeln lassen!
    Warum?

Pack' mal schnell
  das Erste an!

Grenzenlos

Ein Tag
  ist irgendwann vorbei;
Ein Schritt
  bringt einen stets voran;
Ein Gedanke
  ist oft so schnell verschwunden;
Ein Wort
  ist fast sofort verklungen;
Wünsche
  Haben viele Hürden;
Zeit
  lässt Ewigkeit nur spüren;
Licht
  hat selbst auch seine Grenzen;
Doch Liebe
  kann grenzenlos sein!

Erinnerungen

Erinnerungen
  an traute Stunden,
Gedanken
  an schöne Zeiten.

Jetzt
  sind wir hier.
Ich habe Dich,
  mein Schatz, gefunden.

Vor uns
  da liegen Weiten,
will sie genießen
  nur mit Dir!

Allein sein

Ich bin
   wie ein Stein in der Wüste: Erstarrt
      wenn ich Dich nicht fühlen kann!

Ich bin
   wie eine einsame Insel: Vergessen
      wenn ich Dich nicht sehen kann!

Ich bin
   wie ohne Weg: Verloren
      wenn ich Dich nicht hören kann!

Wenn Du
   nicht nahe bei mir bist
      bin ich allein!

## Im Hotel

Im Hotel,
  und an Dich denken.
    Dich vermissen.
      Wo bist Du?

Arbeit, Pläne,
  Gefühle.
    Dich vermissen.
      Was weiter?

Wünsche, Gedanken,
  Sehnsucht.
    Dich vermissen.
      Zu Dir wollen!

Reisen, Fühlen,
  Erleben.
    Es schön haben.
      Es tun!

Ideen, Leben,
  Zukunft.
    Genießen.
      Wünsche!

Liebe, Zusammensein,
  Vertrautheit.
    Dich fühlen.
      Meine Wünsche!

## Sehnsucht

Sonne und Blumen
  können
    unser Leben
   füllen.
Jedoch ein Tag mit Dir
  wird immer
    meine Sehnsucht
   stillen!

## So bist Du

Du bist die Frau,
  für die man schwärmt.
Du bist das Feuer,
  das mich wärmt.
Bist wie ein Duft,
  der mich umgarnt.
Auch wie ein Engel,
  der mich mal warnt.
Du bist das Wasser,
  das mich kühlt,
Und das Leben,
  das mich erfüllt.
Du bist der Antrieb,
  der mich bewegt.
Hast die Figur,
  die mich erregt.
Du bist der Stern,
  der nie erlischt.
Wie auch der Tau,
  der mich erfrischt.
Du bist die Frau,
  die ständig friert.
Bist voller Schönheit,
  die Dich so ziert,
Und eine Fee,
  werd' ich berührt.
Auch die Frau,
  die mich verführt.
Bist ein Versprechen,
  das sich hält.
Du bist die beste Frau
  der Welt!

## Gefühle

Gefühle von
- Sehnsucht
- Verlangen
- Hoffnung
- Liebe
- Verständnis
- Glück
- Und sich

damit
taumelnd
fallen
lassen.

## Meine Wünsche

Ich wünschte,
  meine Gedanken
  wären wie der Wind,
  der Dich ganz sanft streichelt
  und Einlass bei Dir find'.

Ich wünschte,
  meine Gefühle
  wären wie das Meer,
  das Dich seidenweich umhüllt
  und zeigt, wie sehr ich Dich begehr'.

Ich wünschte,
  meine Sehnsucht
  wäre wie ein Licht,
  das immer Dich erreicht,
  bevor die Nacht anbricht.

Ich wünschte,
  meine Liebe
  wär' wie ein heller Stern,
  der immer sagt:
  Ich hab' Dich gern.

<u>Gemeinsamkeiten</u>

Ich weiß, dass manchmal -

*Doch möchte ich so gerne*


    -  Willst keine langen Wege wagen
*Dich dann auf meinen Händen tragen*

    -  Willst mich in die Wüste schicken
*Dort in die Zukunft mit Dir blicken*

    -  Ich handle sturer als ein Stein
*Dein Fels in jeder Brandung sein*

    -  Du mich auf den Mond verdammst
*Dass Du meine Liebe genießen kannst*

    -  Alles den Bach hinuntergeht
*Die Welle sein, die Dich dann trägt*

    -  Es trübe Tage gibt, die nicht erquicken
*Mit Dir das Licht der Welt erblicken*

    -  Ich ganz weit weg von Dir oft schein'
*Nur noch bei Dir sein*

# 2004

Einsamkeit

Einsam sein, Einsamkeit.

Einsam kommen, einsam gehen.

Einsamkeit!

Ein Hotel. Einsam dort.

Hotel-Einsamkeit!

Zusammensein!

Komm!

Geh' nicht

Ein Missverständnis,
   auch mein Wunsch,
      in den Schlaf zu fliehen,
         alles vergessen wollend.

Doch Deine streichelnden Hände
   sagen mir:
      Nicht! Ich bin doch für Dich da!

Und sagen auch:
   Ich versuche,
      Dich zu verstehen!

Und:
   Geh' nicht,
      denn ich liebe Dich!

Regen

Regen,
  leicht nur,
    und fallende Blätter.
Ich friere
  und der See
    sinkt langsam
      in den
        Abendschlaf.


(Altwarmbüchen)

## Komm

Komm!
  Komm zu mir,
    wenn Du
      mich brauchst
      einsam bist
      Wärme willst
      Liebe verlangst
      traurig bist
      müde bist
Komm zu mir
  immer,
    wenn Du
      es möchtest.
Immer!

## Lust

Lust haben auf:
   Alles zu verstehen,
    Spazieren gehen.
   Nicht nur heute:
    Nette Leute.
   Unweigerlich
    Auch Zeit für sich.
   Nicht zu vergessen:
    Ein gutes Essen.
Doch am schönsten,
   sicherlich:
    Lust auf Dich!

## Sand und Zeit

So wie der Sand
  durch Finger rinnt,
  vergeht die Zeit!
Der Sand wird bleiben.
Doch Zeit entschwindet,
  wie jeder Moment
  unseres Lebens.
Darum lass' uns Momente
  schnell genießen!

## Stimmungen

Sind Stimmungen
  auch nur
  Zeiten,
  die nicht
  real sein müssen?
Die sich
  in unseren Gedanken
  festgesetzt haben
  und dort ihren Platz
  beanspruchen?
Damit brauchen sie
  nicht immer
  wirklich sein!
Kann man sie
   somit
      einfach
          ändern?

Winter

Einsam
  ist im Winter
    jeder Baum
      jeder Bach
        jede Pflanze

Wartend
  auf den Frühling
    auf schönere Zeiten

## Wichtigkeiten

Was ist wichtig?
Und was nicht?
   Sind es Dinge,
     Probleme,
      die Dich drängen?
   Und die eigentlich
     doch keine sind?
      Ich?
      Du?
      Wir?
   Sonst nichts?
     Oder doch?

Was ist wirklich wichtig?
   Und was ist noch viel wichtiger?

Sag' mir, was Dir
   wichtig ist,
Und lass' uns
   es tun.

Sofort!

# 1997

## Zusammensein

Wenn wir beide
Seite an Seite,
Fest umschlungen,
Meilenweit am Strand lang geh'n,
Die Welt vergessend,
In Ferne seh'n.

Dann ist da etwas,
Was ich vorher nie besessen.
Und mir wird klar:
Ich liebe Dich!

Wenn wir zusammen
Bei Dunkelheit,
Weit weg von Allem
Im kalten Winde steh'n,
Der Zeit entronnen,
Nur uns anseh'n.

Dann ist da etwas,
Das ich hab' gewonnen.
Dann weiß mein Herz:
Ich liebe Dich!

Wenn wir zusammen,
Bei Tag im Sonnenschein,
Den Deine Augen leuchtend
Hundertfach dann wiederspiegeln,
Nur den Moment genießen
Und ihn versiegeln.

Dann ist da etwas,
Das wird nie verfließen,
Um Dir zu sagen:
Ich liebe Dich!

Wenn wir zusammen
Mit unserer Liebe
Die Nacht behalten
Und voller Glück
Uns ewig mögen,
Die Zeit anhalten.

Dann ist da etwas,
Das will ich nie vermissen.
Wissend für immer:
Ich liebe Dich!

22.02.97

## Gedanken an Dich

Wenn ich fühle,
   dass ferne Stimmen
   langsam verhallen,
Geräusche
   nicht mehr
   wahrgenommen;

Wenn meine Gedanken
   in einen Punkt
   zusammenfallen,
und alles andere
   wird ohne Sinn;

Wenn meine Gedanken,
   dann wissend,
   eines erkennen:

Es sind
   Gedanken
   an Dich.

24/02/97

## Du

Weite Blicke
    über's Land,
Ins Universum,
    das unbekannt.
Auf glitzernden Schnee
    im Bergrevier.
Das alles
    wird bedeutungslos
Mit einem Blick zu Dir!

Wär' ich weitab
    von hier geboren
Und total
    im All verloren,
Verschollen,
    niemals hier.
Es wäre
    zu ertragen,
Hielt' ich die Hand von Dir!

Ewiges Eis,
    das niemals taut.
Klirrende Kälte
    auf meiner Haut,
Gletscherfrost,
    dass ich erfrier'.
Und doch
    empfänd' ich Wärme
Bei einem Kuss von Dir!

Vertraute Sonne
    am Firmament,
Wärmendes Feuer,
    das lodernd brennt,
Glänzendes Goldwerk
    voller Zier.
Auf alles
    könnte ich verzichten
Für eine Nacht mit Dir!


25/02/97

## Der Baum

Er ist schon da,
  wenn er beginnt zu keimen;
Er wird sichtbar,
  wenn die Sonne er erblickt;
Er hat Blätter,
  wenn der Frühling kommt;
Er hat Früchte,
  wenn er gewachsen ist;
Man kann die ersten ernten,
  wenn sie sich geben wollen;
Man kann sie erst genießen,
  wenn sie reif sind.

Man kann dadurch erfahren,
  dass Geduld und Warten
  so wichtig sind
    in unserem Leben.

Doch ist es
  immer wieder schwer,
  auf Dich zu warten!

Auch ohne Geduld
  freue ich mich
    auf Dich!

## Regentag

Es regnet
   Und die fehlende Sonne
   Macht mich wehmütig.
Ich schaue hinaus,
   Und dass Du nicht da bist,
   Macht mich traurig.
Du bist nicht bei mir,
   Doch möchte ich so gerne
   Meinen Arm um Dich legen,
   Dir in die Augen schauen,
   Dich zärtlich küssen,
   Dich sanft berühren
   Und streicheln.
Und meine Hände sacht
   Deine Wangen,
   Deine Schultern,
   Deinen Körper
   Liebkosen lassen.
Um dann
   Verweilen,
   Dich genießen.
Doch es wird die Sonne kommen
   Und der Regenbogen,
   Der mich zu Dir führt.

Warten

Warten.
Warten auf Dich.
Warten auf einen
  Tag,
  Eine Woche,
  Eine Zeit,
  Auf Vieles mehr.

Warten ist schwierig,
  Lässt Zeit verstreichen,
  Lässt Manches ohne Bedeutung,
  Verschoben auf später
  Engt immer es uns ein.

Doch Warten lohnt sich,
  Denn es wird mir
  Die allerschönste
  Und glücklichste Zeit
  Meines Lebens bescheren!

Denn ich warte auf Dich.


16.03.97

## Sehnsucht

Und riesig, da unendlich groß,
Ist meine Sehnsucht stets nach Dir;
Muss jederzeit an Dich nur denken
Und wünsche mir, Du wärest hier.

Millionen Mal
Bist Du in meinen Gedanken.
Ich bin so froh, dass es Dich gibt,
Werd' mich bei meinem Herrn bedanken.

Hunderttausend Küsse
Will ich Dir noch geben.
Doch vielleicht ist diese Schätzung
Zu klein und liegt daneben.

Zehntausende Momente
Voll Glück mit Dir zu teilen;
Dies ist mein größter Wunsch,
Will lang darin zu verweilen.

Dich tausend Mal berühren
Und Deine Nähe spüren,
Mit Dir dann eng umschlungen
Dich lieben und verführen.

Hunderte von Reisen
Mit Dir in alle Welt
Genießen.
Bin sicher, dass es Dir gefällt.

Zehn mal viele Jahre
Will ich mit Dir verbringen,
Dich immer um mich haben.
Ich hoffe, dieses wird gelingen.

Einen Ring
Mag' ich Dir schenken.
Es macht mich froh und glücklich,
Schon jetzt daran zu denken.

Keine Sache
Soll uns in Zukunft trennen.
Dies sollte nicht gescheh'n,
Weil wir uns so lang' kennen.


27.03.97

## Deine Worte

Deine Worte
  haben mich heute
    zum glücklichsten Menschen
      dieser Welt gemacht.
Deine Sehnsucht
  sagte mir:
    Mein Glück
      ist kaum zu fassen.
Deine Liebe
  hat mich
    fast um den
      Verstand gebracht.
Deine Worte
  werden mich heute
    lange von Dir
      träumen lassen!

## Sterne sammeln

Sterne  -
    Alle sammeln
    und Dir schenken.
        Ich wünsch' mir
        das so sehr!

Sterne  -
    Der Stern zu sein
    bei Dir.
        Ich wünsch' mir
        das so sehr!

Sterne  -
    Sterne lassen sich
    nicht sammeln.
        Doch ich will
        glücklich sein mit Dir!

## Im Park

Es war der Tag,
Den uns der Himmel schenkte,
Als wir beide Hand in Hand,
Mit allen Sinnen offen,
Betraten unser Wunderland.

Es war der Tag,
An dem nach langem Warten,
Natur den Frühling wiederfand
Und in zauberhafter Weise
Sich selbst mit uns verband.

Es war der Tag,
An dem in meinem Arm
Sich schmiegte eine Fee,
Und wir beide schauten
Auf einen Zaubersee.

Es war der Tag,
Für die Ewigkeit bestimmt,
Zu schön, zu glauben, was man sah.
Dich zu fühlen und zu wissen:
Die Wunderwelt ist wahr!

Es war der Tag,
Der endlich sehen ließ,
Was wir vorher nicht erkannt:
Es war der Tag,
Der für immer uns verband.

Es war der Tag,
An dem wir beide wussten,
Als wir den Park verließen:
Alles was noch kommt
Werden wir zu zweit genießen.


(Erinnerungen an den Nymphenburger
Schlosspark, 02.04.97)

Unser Haus am Meer

Ich träume
Von einem Haus am Meer,
Umgeben von Dünen,
Hell und offen,
Und Stille ringsumher.

Ich will mit Dir
Am Strand spazieren geh'n,
Schwere Gedanken,
Und Spuren
Im Meer vergehen seh'n.

Ich werde
Den Blick zum Himmel richten,
Dort nach Wolken schauen.
Dich fühlen neben mir,
Will nicht darauf verzichten.

Und wenn
Die Sonne sinkt
Sind wir zurück im Haus,
Lassen Gedanken wandern,
Malen uns're Zukunft aus.

Ich träume,
Dass dieses möglich wär'
Und in der Abendsonne
Dich liebe und verwöhne
In uns'rem Haus am Meer.

## Deine Lippen

Ein Wochenende
   mit Dir
     ... im Regen!
Doch was gibt
   es Schöneres
     auf der Welt,
Als Deine
   regenbenetzten
     Lippen zu küssen!


28.04.97

Weite

Weite
   ahnen
      und davon träumen
Weite
   fangen
      und sie zu mir holen
Weite
   genießen
      und sie erfüllen

Damit
   Nähe
      ausbreiten können.

Damit
   Nähe
      zu Dir haben!

In aller Weite!

## Leere

Ich wache auf  -
Der Tag versucht,
    mich anzustrahlen.
Doch danach hab' ich nicht gesucht.
Ich wollte eigentlich nur
    Dich neben mir!

Ich kaue ziemlich lustlos  -
An meinem Vollkornbrot,
    das trocken ist.
Heute ist alles nicht im Lot.
Ich hätte Dich so gern
    mit Sekt bei mir!

Ich lese Zeitung  -
Und les' und lese,
    lese über alles hin.
Es ist heute alles Käse.
Ich würde lieber
    mit Dir wohin!

Ich geh' hinaus  -
Sehe die Wolken ziehen,
    sie sind so frei und locker.
Ich lasse sie entfliehen
Mit Gedanken
    an Dich!

Ich ruh' mich aus  -
Und schaue in die Weiten,
    hätte Dich so gern' bei mir,
Um mein Gefühl Dir auszubreiten,
Dich zu verwöhnen.
    Schön, Du wärest hier.

Wieder zu Hause  -
Ich möchte Dich, mein Schatz,
    nun ganz nah' bei mir.
Du hast einen festen Platz
In meinem Herzen,
    und das ist hier!

Das Schlafen fällt mir heute schwer,
Bin in Gedanken nur bei Dir.
    Etwas ist leer.

Und ich hoffe,
dass jeder wünscht sich sehr:
    Die Zukunft
        bringt ein bisschen mehr!

## Ratespiel

Rate mal, an wen ich denke,
Wem ich meine Liebe schenke?

Wirst wohl gleich darauf nicht kommen,
Drum habe ich mir vorgenommen,
Dir zu helfen:

Es sind natürlich keine Elfen.
Nicht Marylin Monroe,
Nicht die Bardot!
Selbst nicht Lollobrigida,
(Die war für mich auch niemals da!)

Ich denke nur an eine Frau –
Und nun weißt Du ganz genau,
Ganz sicherlich,
Dass ich denke nur an Dich!

## Gedanken

Ich denk' an Dich.
Du bist nicht hier,
Und fehlst mir doch so sehr!

Ich liebe Dich,
Ich brauche Dich.
Du bist immer
Alles für mich!

Ich denk' an Dinge,
Die wir schon kennen
Und die uns Vieles geben können.

Bin voller Sehnsucht,
Verrückt nach Dir.
Und wünsche mir
Du wärest hier!

Denk' an die Zukunft,
Die schön sein wird.
Irgendwann,
Dass ich sie kaum
Beschreiben kann.

Ich hoffe,
Es wird Stunden geben,
Die wir erleben,
Die nie vergehen
Und uns in schöne Welten heben!

In Verlangen nach Dir, 01.06.97

## Sein oder Nichtsein

Sein oder Nichtsein.

Was soll die Frage?
    - für mich das 'Sein'.

Das 'Sein' an sich
    - für alle Tage!

Das 'tätig sein'
    - ein Muss mit Fragen.

Das 'Ich-Sein'
    - ist Gewissens-Frage.

Das 'Dein-Sein'
    - mein Wunsch, ganz ohne Fragen.

Das 'Bei Dir sein'
    - Verlangen, auch ohne Frage.

Das 'Zusammensein'
    - unendliches Glück mit Dir!

Noch Fragen?

—